Die Neuheiten von Access 2019

HANS-JÜRGEN SCHWARZ

Markt+Technik

ISBN 978-3-95982-205-3

Espenpark 1a
90559 Burgthann

Produktmanagement Christian Braun, Burkhardt Lühr
Herstellung Jutta Brunemann
Covergestaltung David Haberkamp
Coverfoto © Sentavio – Fotolia.com
Satz Gerhard Alfes, mediaService, Siegen (www.mediaservice.tv)
Printed in Germany

Access 2019

Access-Neuerungen

Access 2019 kommt mit einer ganzen Reihe von Neuerungen, die jedoch für ein Anfängerbuch alle nicht sehr relevant sind. Wir haben uns dennoch entschieden, Ihnen ein Ergänzungsheft anzubieten, weil wir der Meinung sind, dass Sie, wenn Sie sich durch die bisherigen Seiten gearbeitet haben, dennoch in der Lage sind, diese Neuerungen von Access 2019 sinnvoll einsetzen zu können. Vor allem gehört dazu, dass wir das bisher vernachlässigte Thema Diagramme etwas stärker ausführen werden.

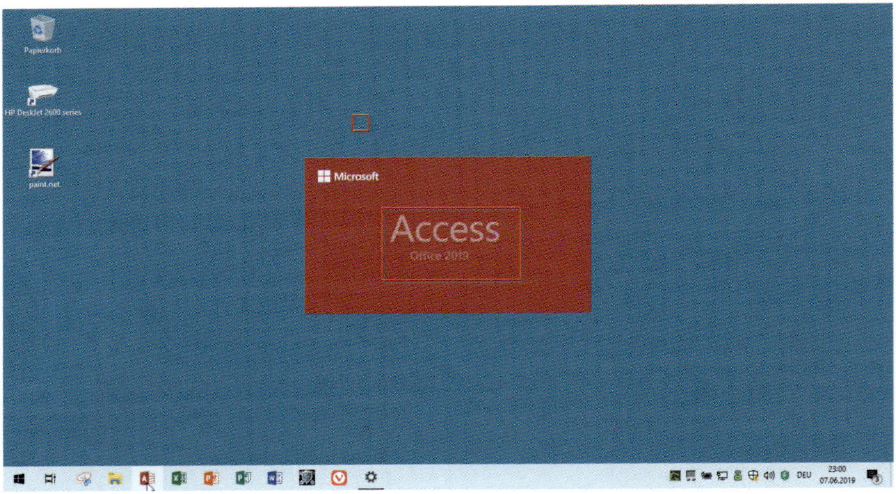

Abbildung 1: Das neue Access startet.

Besonders das Visualisieren Ihrer Daten mit neuen Diagrammen ist ein Schwerpunkt der neuen Access-Version. Wir bieten Ihnen hier an, das bisher von uns vernachlässigte Thema Diagramme nun in zwei Versionen kennenzulernen. Im ersten Teil zeigen wir Ihnen die Diagramme, wie sie bis zur Version 2016 gemacht wurden. Der zweite Teil der Diagramme beschäftigt sich mit den Veränderungen und Verbesserungen. Wer viel mit Diagrammen arbeiten möchte, so viel sei schon verraten, sollte sich unbedingt mit Access 2019 beschäftigen.

Neben dem Visualisieren von Daten ist die Verbindung mit Server-Datenbanken ein bisschen einfacher geworden. Dafür steht der Datentyp *BigInt*. Ein Abschnitt unserer Ausführungen wird sich mit der Unterstützung von dBase beschäftigen und außerdem mit einigen anderen kleineren Verbesserungen wie zum Beispiel dem Sortieren von Eigenschaftsblättern, der Möglichkeit, neue Bezeichnungsnamen innerhalb der Eigenschaften für Standardformulare zu vergeben, Verbesserungen in der Suchfunktion *Finden* sowie Verbesserungen beim Scrollen.

Bis auf die Diagramme hat sich Access nicht sehr verändert. Allerdings sind die vielen kleinen Veränderungen, die wir gefunden haben und für Sie nun aufbereiten, doch geeignet, das bisher schon angenehme Arbeiten mit Access noch ein Stückchen komfortabler zu machen.

Wir wünschen Ihnen viel Spaß beim Durcharbeiten dieser Veränderungen.

Diagramme

In der Office-Welt spielten Diagramme schon immer eine größere Rolle. Deshalb verwunderte es schon seit Langem, dass Microsoft noch keine Neuerungen bei Access eingeführt hatte. Mit nur wenigen Änderungen, die fast nicht ins Gewicht fielen, quälten wir uns auch in der Version 2016 noch mit einer Optik und Oberfläche, die teils sehr antiquiert wirkte.

Deshalb überrascht es fast, dass Access 2019 mit einer wahren Revolution aufwartet. Die Diagramme sind den Anforderungen an ein modernes Programm gewachsen. Obwohl, so ganz stimmt diese Aussage dann wiederum doch nicht. Wer wirklich aussagekräftige, modern gestaltete, vor allem aber dreidimensionale Diagramme erstellen will, dem bleibt auch heute nur der Umweg über Excel.

In diesem Kapitel wollen wir uns nicht nur die Access-Neuerungen bei den Diagrammen ansehen, sondern auch mit den Vorgängerversionen arbeiten. Sie werden sehen, dass die Version 2019 in dieser Hinsicht ihr Geld wert ist.

Die Vorbereitungen

Sie können natürlich, um ein Diagramm zu erzeugen, auf Tabellen zugreifen, das ist aber nicht zu empfehlen. Tabellen haben die Eigenschaft, sehr viele Datensätze in sich zu vereinen, ein übersichtliches Diagramm muss aber mit aufbereiteten Daten versehen werden. Deshalb werden wir zuerst eine kleine Abfrage erstellen.

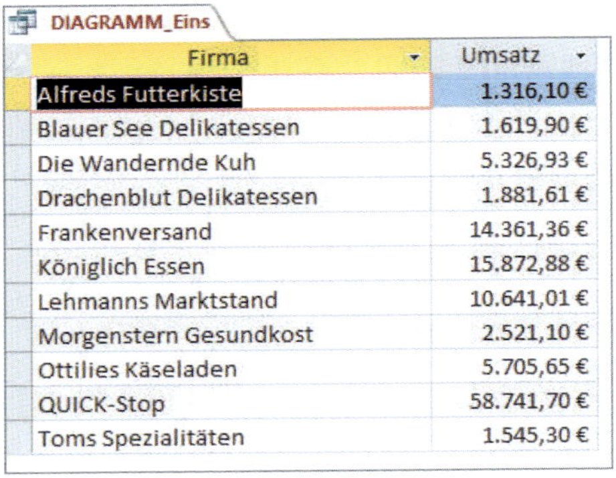

DIAGRAMM_Eins

Firma	Umsatz
Alfreds Futterkiste	1.316,10 €
Blauer See Delikatessen	1.619,90 €
Die Wandernde Kuh	5.326,93 €
Drachenblut Delikatessen	1.881,61 €
Frankenversand	14.361,36 €
Königlich Essen	15.872,88 €
Lehmanns Marktstand	10.641,01 €
Morgenstern Gesundkost	2.521,10 €
Ottilies Käseladen	5.705,65 €
QUICK-Stop	58.741,70 €
Toms Spezialitäten	1.545,30 €

Abbildung 2: Das Ergebnis unserer neuen Abfrage, in der wir nur die Kunden aus Deutschland anzeigen lassen.

Die Aufgabe klingt ganz einfach: Wir wollen wissen, wie viel Umsatz wir mit den deutschen Kunden gemacht haben. Wir haben Ihnen eine Datenbank vorbereitet: *MyNordWind_Diagramme.accdb*. Bitte öffnen Sie diese Datenbank, die Sie auf der Webseite von Markt+Technik *www.mut.de/2007* im Bereich *Download* finden.

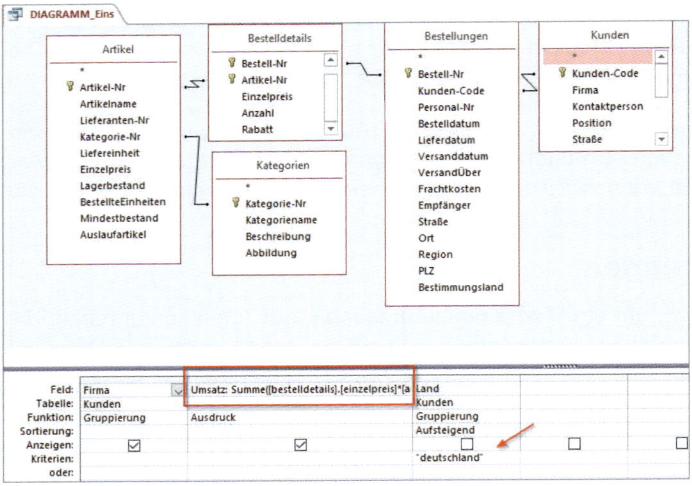

Abbildung 3: Die Abfrage Diagramm_Eins in der Entwurfsansicht.

Das Ergebnis dieser Abfrage soll der hier gezeigten Abbildung 2 entsprechen. Wir müssen uns deshalb überlegen, wie wir zu dieser Abfrage kommen können. Bitte klicken Sie im Register *Erstellen* auf den Abfrageentwurf und binden Sie eine ganze

Reihe von Tabellen ein: Wir benötigen die *Artikel*, sodann die Tabelle *Bestelldetails*, die Tabelle *Bestellungen* und die Tabelle *Kunden*.

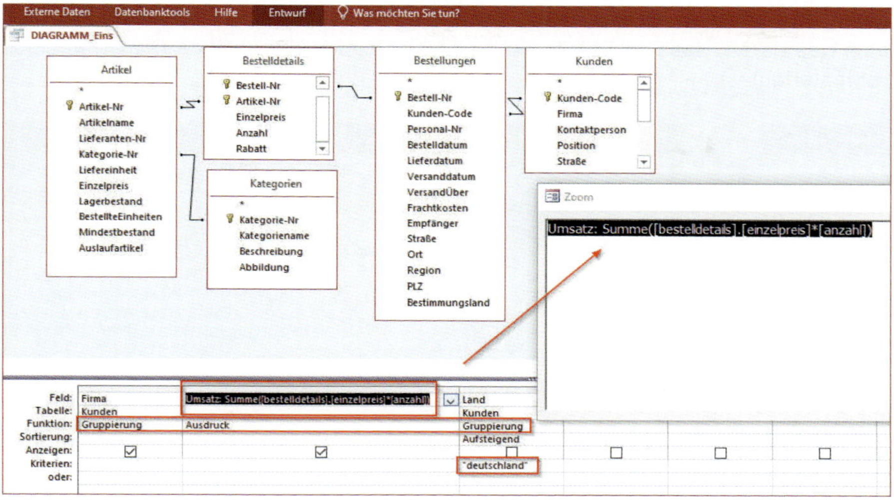

Abbildung 4: Die Abfrage in der Entwurfsansicht. Das Zoomfeld wurde aktiviert.

Eigentlich haben wir nun zu viel eingebunden, wir sehen aber, dass die Tabellen miteinander verknüpft sind – Stichwort relationale Datenbank –, und können frei aus den Tabellenfeldern wählen.

In die erste Spalte ziehen Sie die Firma, in die zweite schreiben Sie *Umsatz: bestell-details. Einzelpreis*Anzahl*. Falls Ihnen die Spalte zu klein ist, können Sie mit der rechten Maustaste auf den Zoom wechseln.

In der dritten Spalte interessiert uns nun das Land. Im Register *Entwurf* in der Gruppe *Einblenden/Ausblenden* finden Sie das Summensymbol, das Sie nun einschalten. In der ersten Spalte (*Firma*) stellen Sie die Funktion auf *Gruppierung*, die zweite ist die Summe und die dritte ist wieder die Gruppierung. Bei den *Kriterien* tragen Sie bei *Land* dann *Deutschland* ein.

Bei *Sortierung* wurde beim *Land* die Option *Aufsteigend* gewählt, diese Spalte wird aber nicht mit angezeigt. Führen Sie Ihre Abfrage jetzt einmal aus. (Zur Erinnerung: Register *Entwurf*, Gruppe *Ergebnisse*, Symbol *Ausführen*.) Bitte speichern Sie die Abfrage jetzt unter *Diagramm_Eins* ab.

Unsere nächste Aufgabe ist es jetzt, ein Formular zu erstellen, auf das sich unsere Abfrage bezieht. In diesem Formular werden wir dann unser Diagramm erstellen. Sie gehen wieder auf *Erstellen*; bitte achten Sie darauf, dass Sie die Abfrage geschlossen haben, aber der Cursor noch auf die Abfrage verweist. (Bei mir sieht man das daran, dass im Fenster *Alle Access Objekte* die Abfrage *Diagramm_Eins* rot hinterlegt ist.)

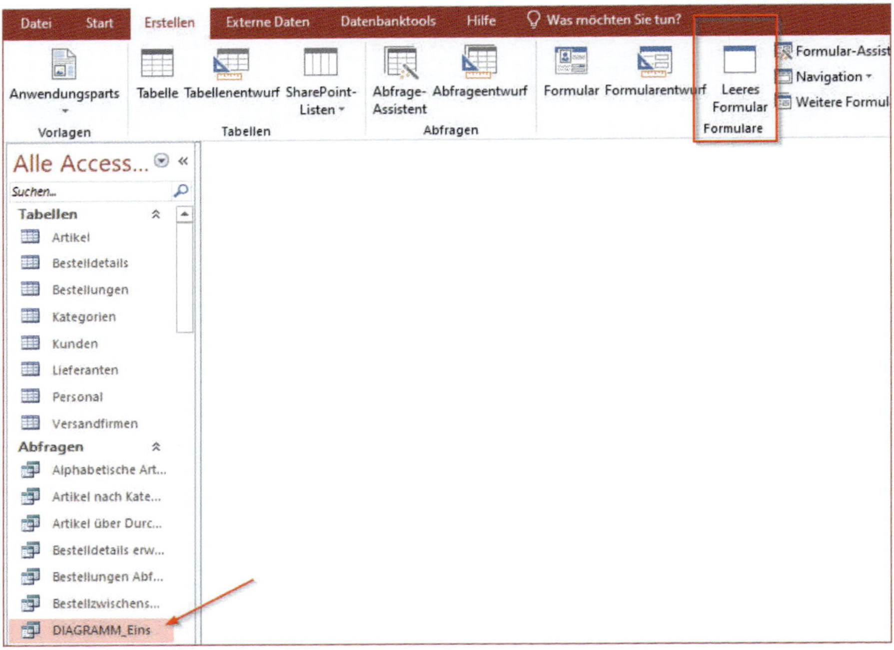

Abbildung 5: Ein leeres Formular dient als Grundlage für die Erstellung eines Diagramms.

Sie erstellen nun ein leeres Formular und wechseln zur Entwurfsansicht. Wir verwenden ein leeres Formular, weil wir es vermeiden wollen, dass für unsere Übung noch andere Datensätze als die von uns gewünschten angezeigt werden. Jetzt sehen Sie, dass Sie ein Diagramm einfügen können. Die Schaltfläche *Diagramm einfügen* ist nun erst sichtbar. Klicken Sie auf das Symbol. Es öffnet eine Reihe weiterer Möglichkeiten, deren Bezeichnungen Sie wahrscheinlich schon von Excel kennen.

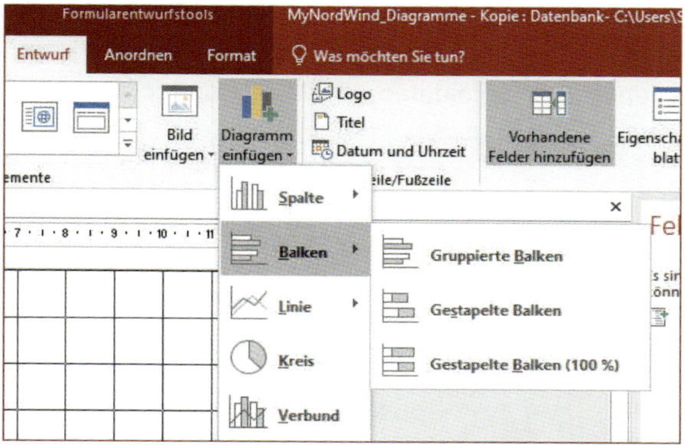

Abbildung 6: Die möglichen Diagramme werden aufgelistet.

Es gibt bei Access 2019 Spalten-, Balken-, Linien-, Kreis- und Verbunddiagramme. Im Unterschied zu Excel sind aber alle diese Versionen nur zweidimensional. Sie können also keine 3D-Grafiken in Access erstellen. Wir wollen für unsere Übung ein Balkendiagramm auswählen, und zwar die gruppierten Balken. Wenn Sie auf *Gruppierte Balken* geklickt haben, verändert sich das gesamte Bild, links erscheint ein Diagramm, dessen Daten nicht mit denen von Ihnen übereinstimmen, rechts haben Sie eine Auswahl, aus der Sie die *Datenquelle* auswählen können.

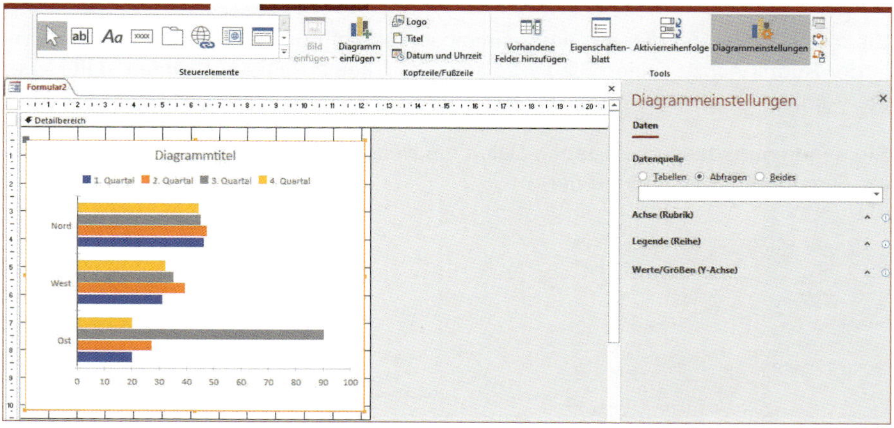

Abbildung 7: Der Entwurf, noch mit Dummy-Daten.

Wir wählen die Checkbox *Abfragen*, klicken dann in das darunterliegende Feld, das zwar ein Kombinationsfeld ist, aber uns als weiße Linie erscheint, und können dort dann unsere Abfrage auswählen.

Wir haben unsere Abfrage *Diagramm_Eins* genannt und finden diese auch hier wieder. Sobald wir *Diagramm_Eins* ausgewählt haben, verändert sich der Inhalt unseres Formulars. Jetzt erscheinen unsere Originaldaten, die wir schon für unser Diagramm vorbereitet hatten.

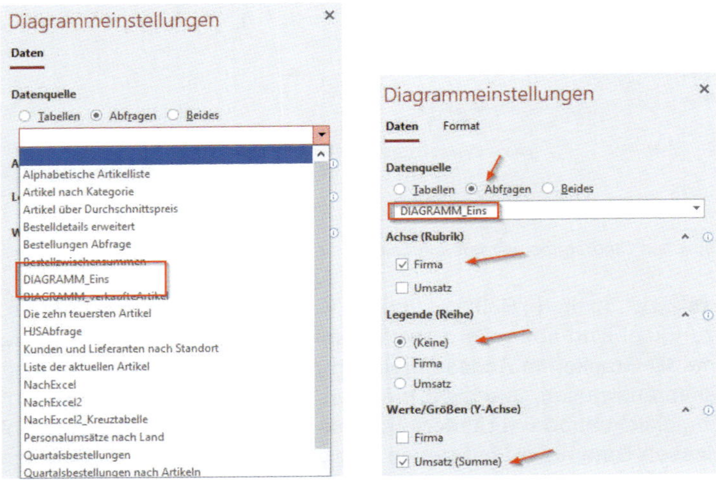

Abbildung 8: Die Einstellungsmöglichkeiten beim Diagramm.

Sie müssen nun bei diesen Diagrammeinstellungen noch einige Dinge verändern: In der Rubrik *Achse* sollten Sie *Firma* anklicken, keine Reihe auswählen, dafür aber die y-Achse als *Umsatz (Summe)* auswählen.

Sie sehen nun, dass oben neben *Daten* ein weiteres Feld erscheint: *Format*. Schalten Sie nun auf dieses Feld um.

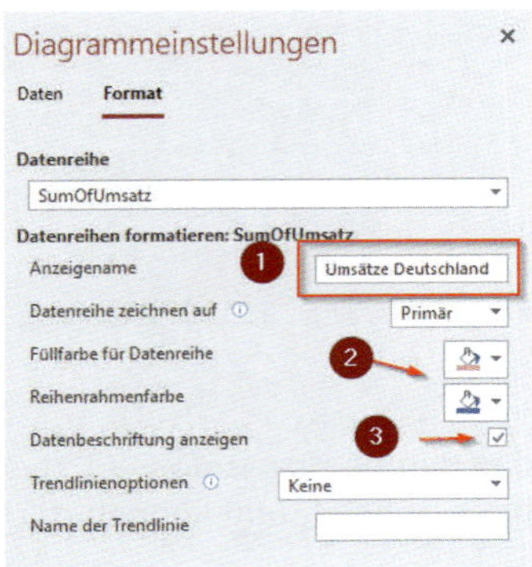

Abbildung 9: Möglichkeiten, das Format des Diagramms zu verändern.

Der Name *SumOfUmsatz*, der im Feld *Datenreihe* angezeigt wird und der auch als *Anzeigename* auftaucht, gefällt uns nicht. Wir verändern nur diesen Anzeigenamen ❶, **bitte nicht den Namen in der Datenreihe ändern**. Falls Ihnen die Farbe der Balken nicht gefällt, können Sie diese ebenfalls verändern, wobei die Füllfarbe und die Rahmenfarbe ❷ getrennt eingestellt werden können. Und zu allem Überfluss lassen wir uns auch noch die *Datenbeschriftung anzeigen* ❸.

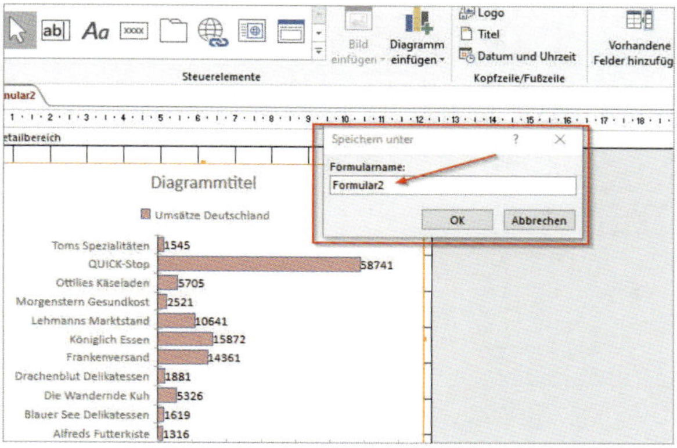

Abbildung 10: Und das Speichern nicht vergessen!

Jetzt gefällt uns das Diagramm schon recht gut, und für ein erstes Kennenlernen waren wir doch schon sehr erfolgreich. Bitte nun noch unter *Diagramm_Eins* das Formular (Sie überschreiben die Vorgabe *Formular...*) abspeichern.

Kreisdiagramme

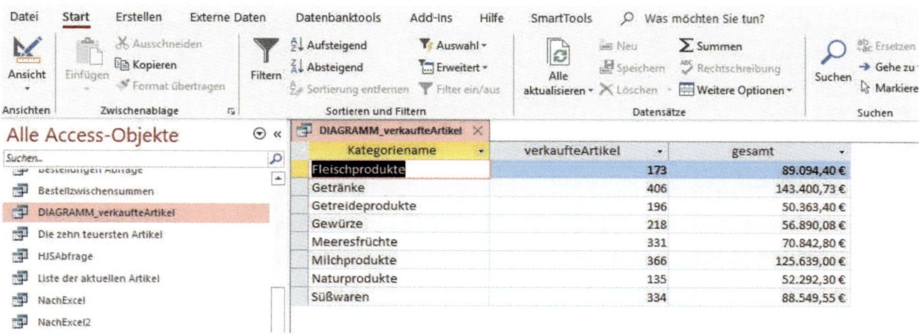

Abbildung 11: Das Abfrageergebnis.

Kreisdiagramme sind ein Diagrammtyp, der auf die Ausgabe von nur einer Datenreihe begrenzt ist. Wir arbeiten hier mit unserer Abfrage *Diagramm_verkaufteArtikel*, die drei Spalten ausgibt, und zwar *Kategoriename*, *verkaufte Artikel* und *gesamt*. Wie die Abfrage genau strukturiert ist, entnehmen Sie bitte dem folgenden Bild (Sie können auch die Abfrage selbst öffnen, sie ist in der Vorlage enthalten).

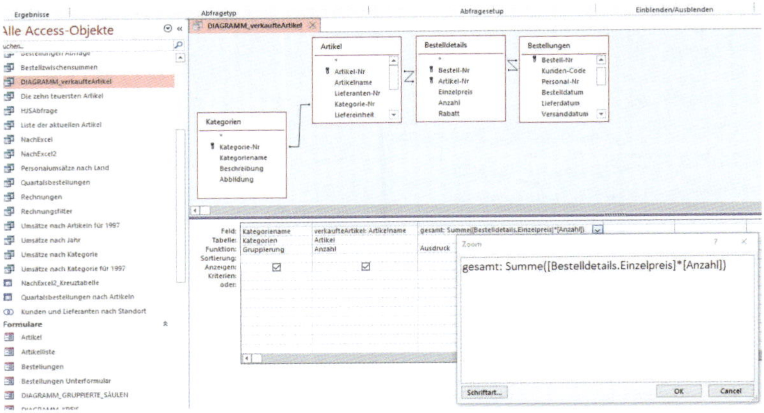

Abbildung 12: Die Abfrage in der Entwurfsansicht.

Sie sehen, dass hier relativ viele Spalten betroffen sind, nur zwei Spalten herausgezogen sind und auch eine Summenberechnung stattgefunden hat.

Diese Datenbankabfrage ist nun die Grundlage für unser Kreisdiagramm. Wir brauchen dazu ein leeres Formular, das wir in der Entwurfsansicht öffnen. Nur in der Entwurfsansicht können wir auf die Funktion *Diagramm einfügen* zugreifen.

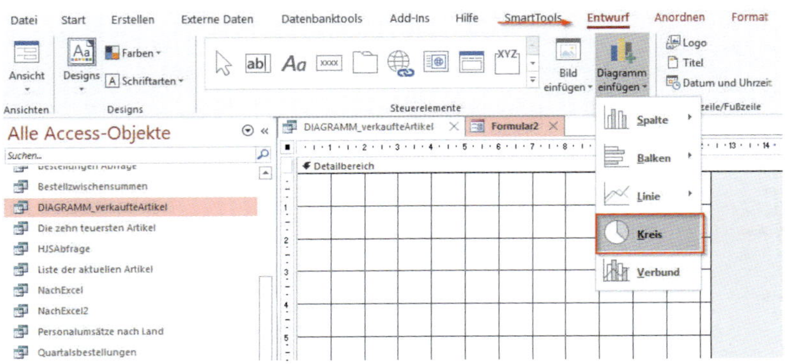

Abbildung 13: Zugriff auf die einzelnen Diagrammtypen.

Jetzt haben wir die Möglichkeit, zwischen Spalten-, Balken,- Linien-, Kreis- und Verbunddiagramm zu wählen. Wir entscheiden uns für den *Kreis*. Achtung! Sofort taucht ein Bild als Diagrammtitel auf, mit der Bezeichnung *Diagrammtitel Ost-West Nord*. Das sind aber reine Dummy-Daten, die gebraucht werden, damit das Diagramm auf dem Formular platziert werden kann. Wir brauchen uns darum nicht weiter zu kümmern.

Wichtiger ist, dass wir jetzt bei den *Diagrammeinstellungen* die *Abfragen* aktivieren und dann unsere Abfrage *Diagramm_verkaufteArtikel* auswählen. Bei *Achse (Rubrik)* müssen wir den Kategorienamen, bei *Legende* die Option *(Keine)* und bei den Werten *verkaufte Artikel* auswählen.

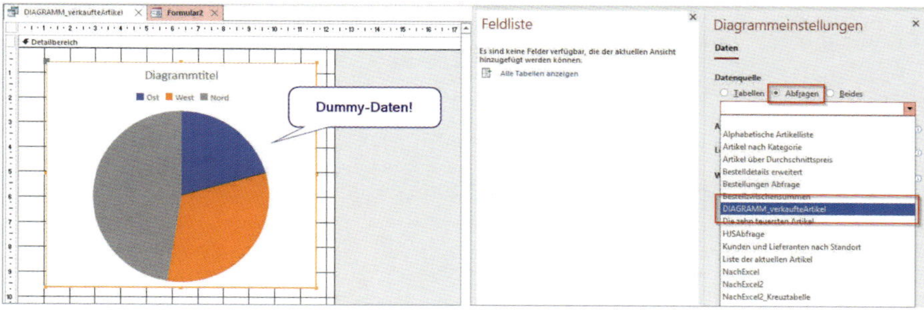

Abbildung 14: Unser Kreisdiagramm, mal wieder mit Dummy-Daten.

Jetzt wechseln wir wieder auf *Format* oben neben *Daten*. Die *Datenreihe* gibt auf Englisch aus, was passiert. Man sollte dies nicht ändern. Damit die Werte im Diagramm angezeigt werden, können wir die Option *Datenbeschriftung anzeigen* auswählen.

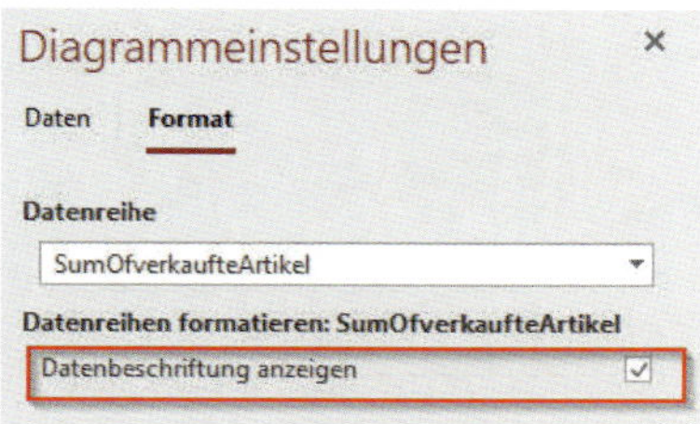

Abbildung 15: Einstellen des Formats für unser Kreisdiagramm.

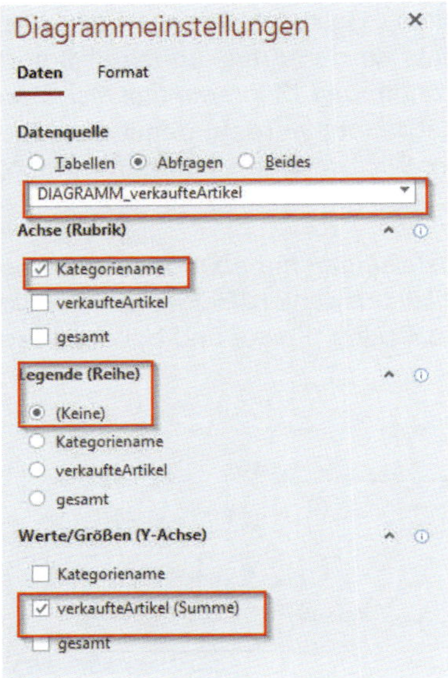

Abbildung 16: Einstellen der Datenquelle.

Wenn Sie nun mit der rechten Maustaste auf das Diagramm klicken, können Sie die Eigenschaften des Diagramms verändern. Wir suchen uns im Register *Format* den Diagrammtitel und überschreiben den Inhalt mit *Verkaufsvorgänge*. Sofort taucht im Diagramm als *Diagrammtitel* der Begriff *Verkaufsvorgänge* auf. Im anschließenden Kapitel werden wir Ihnen diese Eigenschaften ein bisschen erläutern.

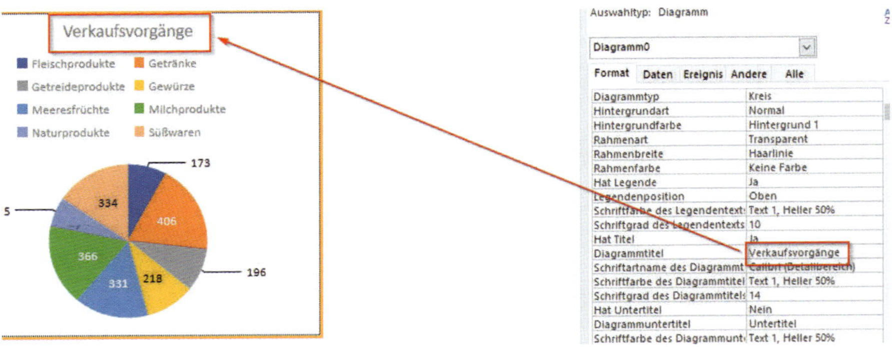

Abbildung 17: Die genauen Einstellungen, z. B. die Veränderung des Diagrammtitels.

Wir haben also erfolgreich ein Kreisdiagramm geschaffen.

Die Eigenschaften eines Formulars, sortiert

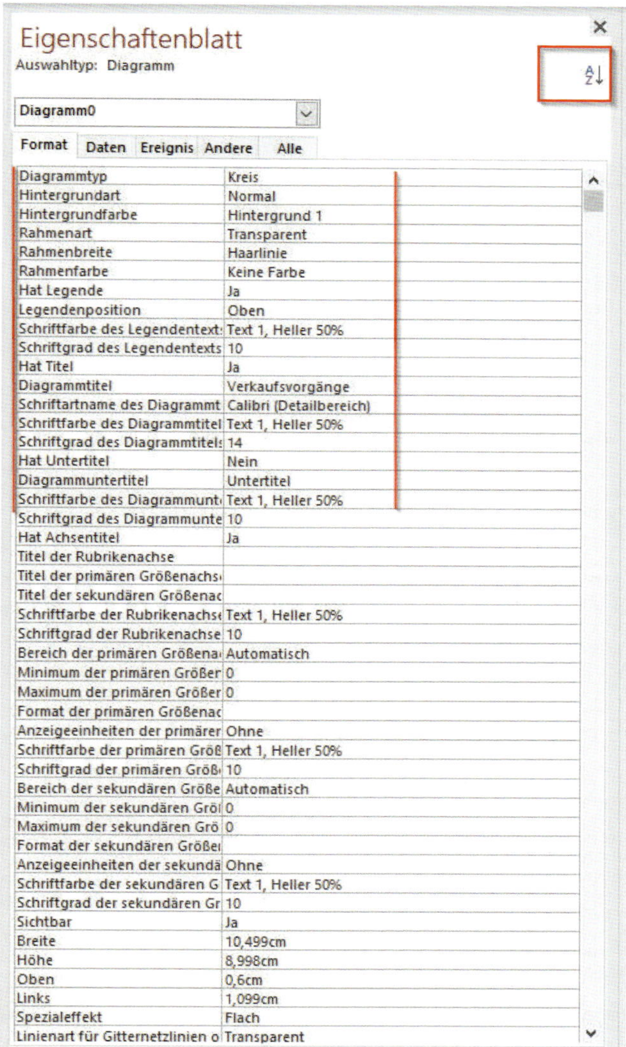

Abbildung 18: Die Reihenfolge der Eigenschaften ist original nach Microsoft-Vorstellungen.

Die Eigenschaften eines Formulars, sortiert

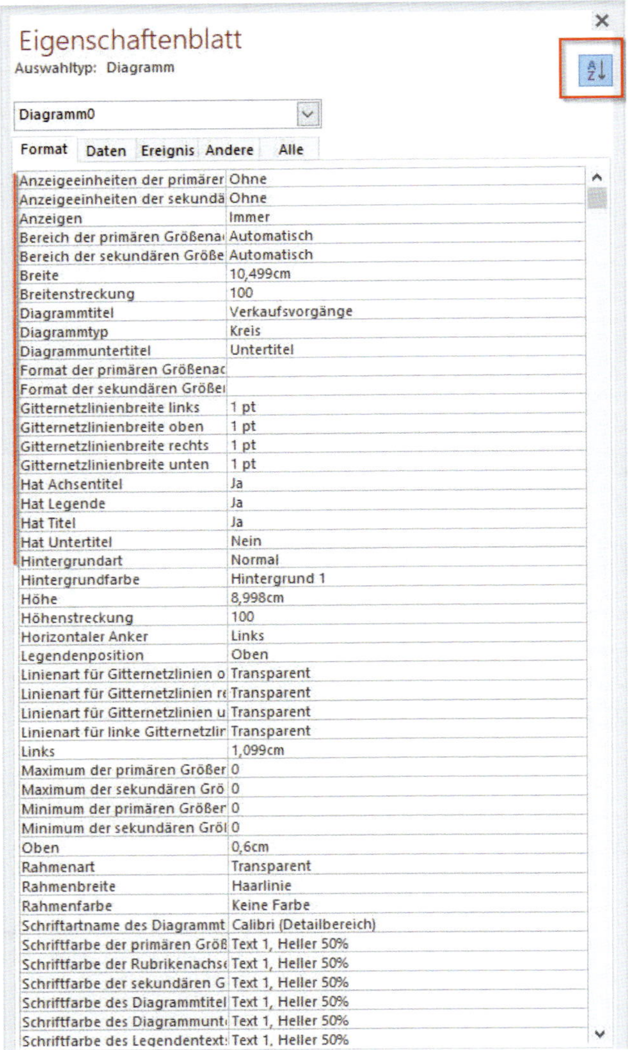

Abbildung 19: Und jetzt die Reihenfolge sortiert von A–Z.

Auf den beiden hier gezeigten Bildern erkennen Sie die Eigenschaften des erstellten Diagramms. Das linke Bild zeigt das Register *Format*, wie es sich nach den von Microsoft eingestellten Eigenschaften für das Diagramm darstellt. Ein neues Symbol rechts oben gibt uns die Möglichkeit, die Eigenschaften sortiert auszugeben.

Wir haben dies beispielhaft für das Formular gemacht, hier sogar für ein Objekt in einem Formular, um zu zeigen, dass es diese Möglichkeit für alle Objekte gibt. In Access 2019 können Sie – kurz gesagt – die Eigenschaften für jedes Objekt alphabetisch sortiert ausgeben lassen.

Inwieweit dies zu einem schnelleren Auffinden der einzelnen Eigenschaften führt, bleibt Ihrem Urteil überlassen. Ich selbst habe mich daran gewöhnt, die Eigenschaften so lange zu studieren, bis ich die richtige gefunden habe.

Das Problem ist nämlich weiterhin, dass die oft schwachen Übersetzungen aus dem Englischen es einem schwer machen zu begreifen, welche Eigenschaft gemeint ist. Die Trial-and-Error-Methode ist da immer noch die geeignete Vorgehensweise.

Aufgabe

Verwenden Sie die Abfrage *Alphabetische Artikelliste* in der Datei *MyNordWind_Diagramme.accdb.* Erstellen Sie ein Kreisdiagramm mit der Darstellung der Einzelpreise in einem Formular.

Speichern Sie die Lösung ab.

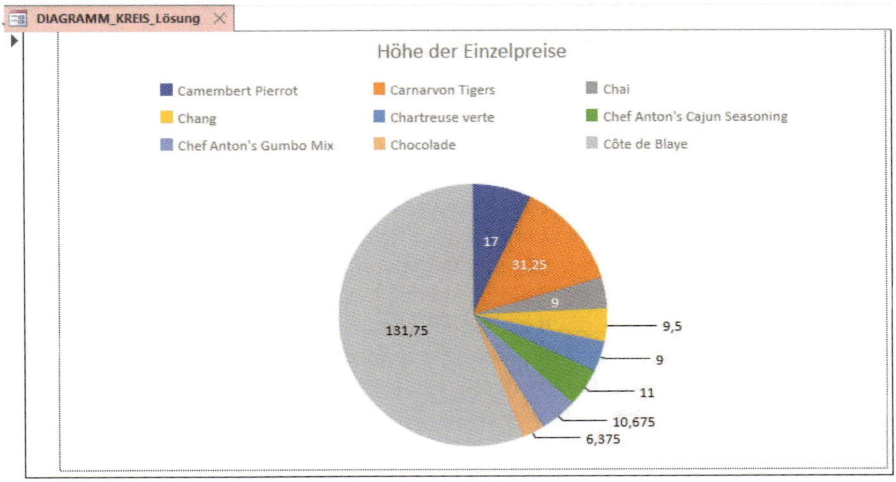

Abbildung 20: Der Lösungsvorschlag.

Verbundene Diagramme

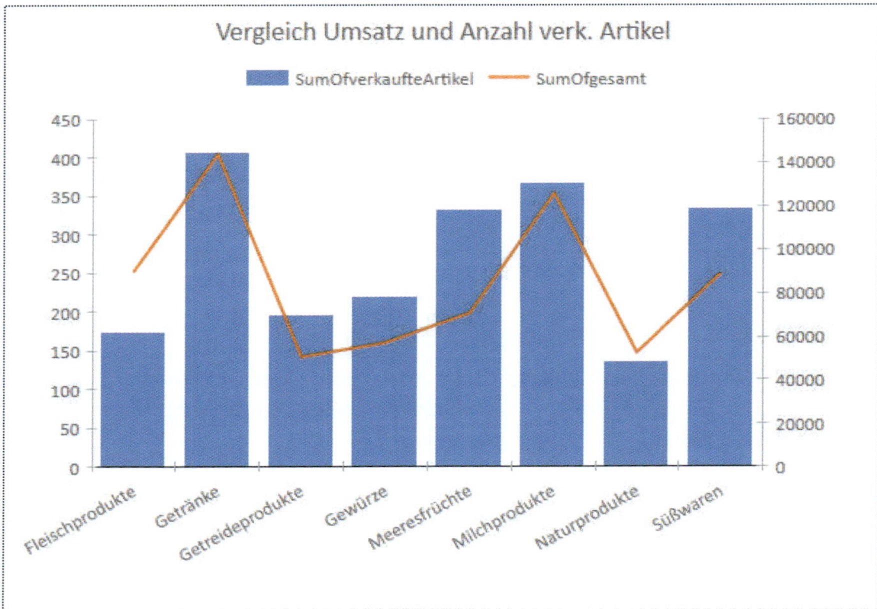

Abbildung 21: Ein Verbunddiagramm, charakteristisch sind die beiden Achsenbeschriftungen.

Unter Verbunddiagrammen versteht man in der Regel Diagramme, die zwei unterschiedliche Rubrikenachsen haben. In unserem Beispiel haben wir die Anzahl der verkauften Artikel und die dazugehörenden Preise auf einer Achse links und auf einer Achse rechts. Die Säulen zeigen uns die verkauften Artikel (0–450 Stück) und die Linie zeigt die Euro-Preise, die dafür gezahlt worden sind (0–160.000). Daraus wird schon die Problematik deutlich: Wenn man mit zwei Säulendiagrammen arbeiten würde, wären die einen Säulen so klein, dass sie nicht sichtbar wären. Man muss deshalb mit zwei unterschiedlichen Zahlensystemen arbeiten, wobei weder Excel noch Access in der Lage sind, dies mit dem gleichen Diagrammtyp darzustellen. Sowohl bei Excel als auch bei Access ist das Verbunddiagramm immer ein Säulen- und Liniendiagramm in einem Diagramm vereinigt.

Wir greifen auf eine Abfrage zurück. (Sie erinnern sich, Tabellen sind meist zu groß!) Wir wählen wieder *Diagramm_verkaufteArtikel* (siehe den Abschnitt »Kreisdiagramme«, in dem die Abfrage erläutert wurde).

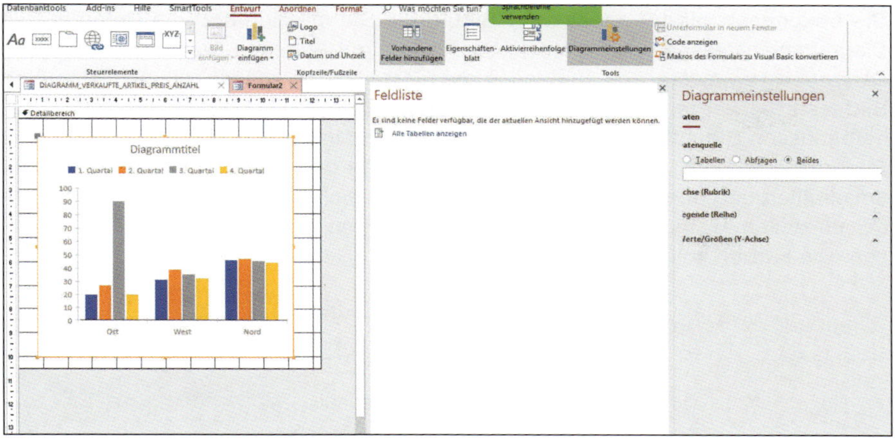

Abbildung 22: Die Diagrammeinstellungen.

Wir erstellen wiederum ein neues leeres Formular, nachdem wir auf die Entwurfsansicht umgeschaltet haben. (Achten Sie darauf, dass Sie im Bereich *Formularentwurf* auch auf *Entwurf* umgeschaltet haben.) Klicken Sie auf das Symbol *Diagramm einfügen* und wählen Sie *Verbund*.

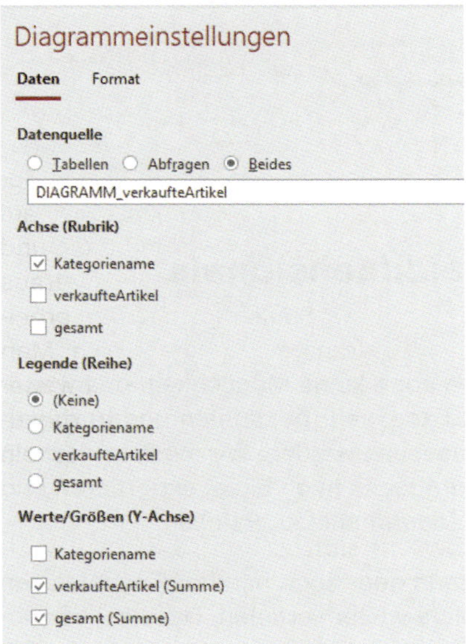

Abbildung 23: Diagrammeinstellungen mit veränderten Daten.

Sie bekommen wieder ein Dummy-Bild, denn Sie müssen erst die Daten in den *Diagrammeinstellungen* auswählen. Sie klicken auf *Abfragen*, wählen Ihre Abfrage *Diagramm_verkaufteArtikel*, und legen die Einstellungen analog zum hier gezeigten Bild fest. Sie werden merken, dass die Werte auch hier noch nicht stimmen. Deshalb müssen Sie auf *Format* umschalten. Und wie in den beiden unten stehenden Bildern dargestellt, müssen Sie zwischen *Säulen gruppiert* und *Säulen gestapelt* umschalten und ebenso die Option *Datenreihe zeichnen auf* in *Primär* und *Sekundär* umstellen, wobei Sie einen der Diagrammtypen jetzt auf *Linie* umstellen müssen. Die Farben sollten Sie ebenfalls verändern.

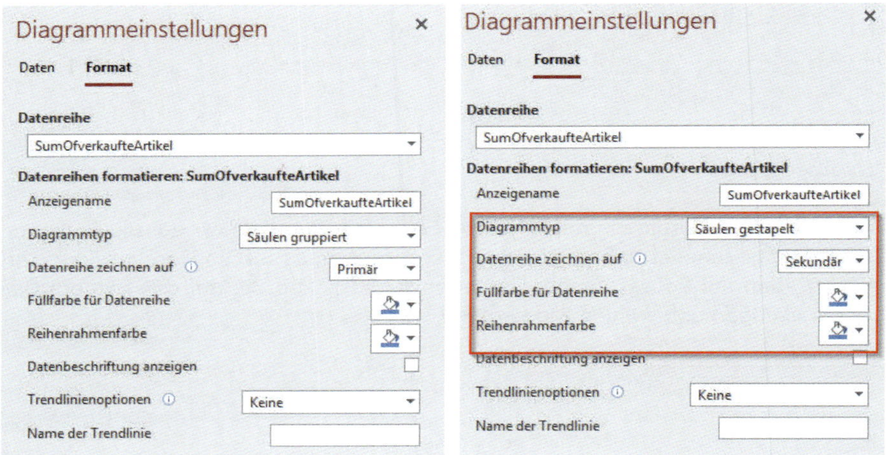

Abbildung 24: Die Formate für die beiden Reihen.

Workaround für Pivot und dreidimensionale Diagramme

Wie wir oben schon betont haben, hat Access noch keine Möglichkeit, dreidimensionale Diagramme darzustellen. Auch die in Excel sehr bekannten und beliebten PivotCharts können bei Access noch nicht eingesetzt werden. Wir müssen deshalb einen Workaround machen und die Daten von Access nach Excel exportieren und sind dann sofort in der Lage, ansprechende Diagramme zu erstellen.

Wie man dann mit Pivot-Tabellen und PivotCharts oder auch mit dreidimensionalen Tabellen in Excel arbeitet, möchten wir hier nicht weiter vertiefen. Dazu sei verwiesen auf die bereits bei Markt+Technik erschienenen Excel-Bücher, in denen Sie viele Beispiele zu diesen Verfahren finden.

Trotzdem interessieren uns jetzt die Möglichkeiten, die wir haben, von Access aus Daten nach Excel zu exportieren und dort schöne und aussagekräftige Diagramme zu erstellen.

Wie Sie sich vorstellen können, brauchen wir dazu mal wieder eine Abfrage. In unserer Musterdatei ist schon eine vorbereitet: *nachExcel* heißt die Abfrage. Wenn Sie sich näher damit beschäftigen, werden Sie merken, dass auch hier schon Berechnungen stattfinden, die vielleicht für Sie interessant sind. Sie sind aber selbsterklärend und werden hier nicht weiter diskutiert.

Wenn Sie mit der rechten Maustaste auf *nachExcel* klicken, können Sie direkt nach Excel exportieren. Die Seiten 301–304 im Buch beschreiben ausführlich, wie Sie eine PivotTable erstellen und damit auch Auswertungen vornehmen können. Auf dieses Wissen zurückgreifend, können wir nun ein Pivot-Diagramm erstellen. Sie finden in den Unterlagen die fertige Excel-Tabelle, die uns als Grundlage dient (*NachExcel.xlsx*).

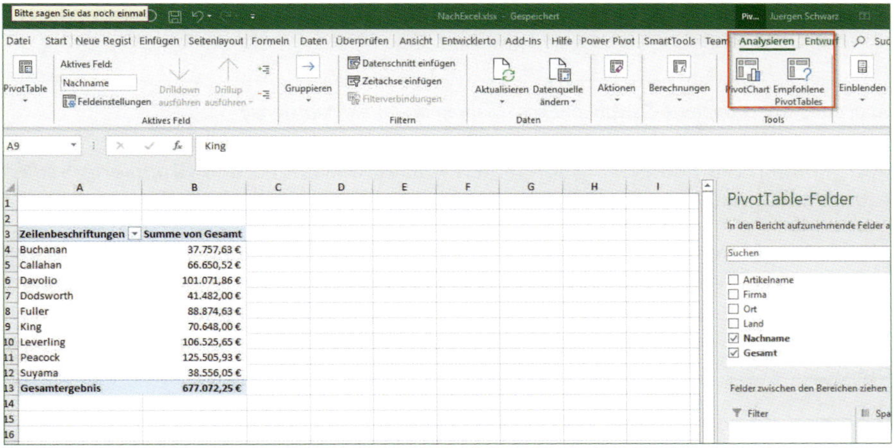

Abbildung 25: Die fertige Excel-Tabelle, Auswahl der Verkäufer mit ihren Umsätzen.

Wir können nun diese Tabelle öffnen, Sie finden schon eine fertig vorbereitete Pivot-Tabelle, in der Sie die Verkäufer mit ihren Umsatzzahlen sehen. Wir wollen uns das nun dreidimensional darstellen lassen. Sie wählen – wie in der Abbildung zu sehen – bei den Pivot-Tools die Registerkarte *Analysieren* und das Symbol *PivotChart*.

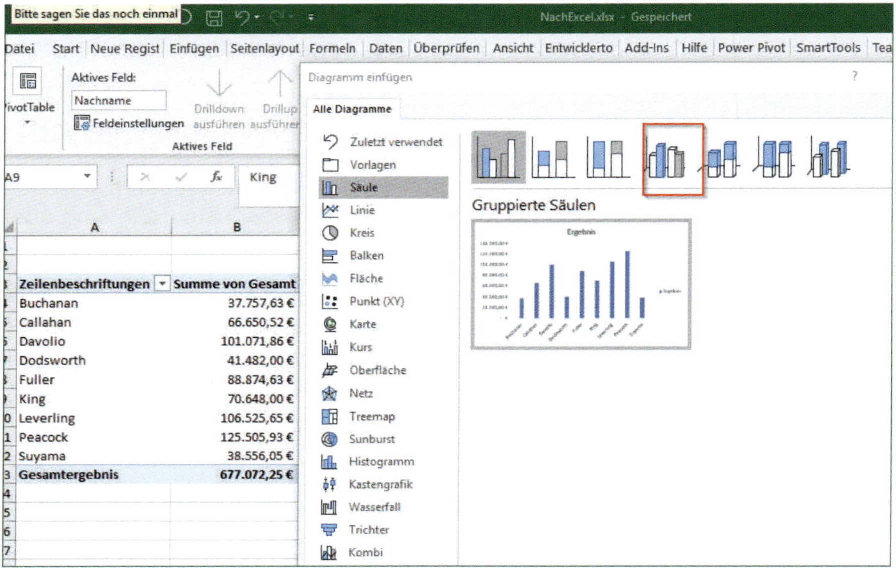

Abbildung 26: Gruppierte Säulen im Excel-Diagramm – dreidimensional!

Jetzt können Sie aus allen Diagrammen wählen, wir haben uns *Gruppierte Säulen* rausgesucht, und zwar die 3D-Darstellung.

Nun haben Sie einen recht anschaulichen Überblick über die Verkäufe der einzelnen Verkäufer. Wir empfehlen Ihnen, das Chart auch auf einem eigenen Tabellenblatt ausgeben zu lassen. Bei Excel heißen diese dann *Diagramm1*, lassen sich aber auch umbenennen (rechte Maustaste auf den Tabellennamen im Registerblatt).

Ich hoffe, Ihnen hat diese kurze Einführung in die PivotCharts von Excel geholfen. Die Auswahlliste ist übrigens die gleiche, die Sie auch bei einem normalen Diagramm in Excel haben, sodass Sie dann auch mit dreidimensionalen Dingen umgehen können. Sehr viel einfacher in Excel als in Access ist übrigens auch die Formatierung von Diagrammen.

Import von dBase-Dateien

dBase war eines der ersten Datenbank-Managementsysteme für Mikrocomputer und erschien im Jahr 1979, die aktuelle Version ist dBase Plus 11. Microsoft meint anscheinend, dass dieses System in Zukunft wieder eine größere Rolle spielen wird. Denn zum ersten Mal hat man in Access eine Importmöglichkeit für dBase-Dateien eingebaut. Der Erfolg von dBase war hauptsächlich, dass andere Programme auf dieses Datenbanksystem zugreifen konnten.

Abbildung 27: dbf steht für dBase File.

Noch immer ist zum Beispiel in das Textverarbeitungssystem von SoftMaker (TextMaker), einer Firma aus Nürnberg, ein Tool implementiert, das es ganz schnell ermöglicht, eigene Tabellen zum Beispiel für Serienbriefe anzulegen. Unser Beispiel stammt daraus.

Abbildung 28: Unter »Neue Datenquelle« ist die Importmöglichkeit auch von dBase-Dateien verborgen.

Wir haben die Exportfunktion dieses Systems verwendet, um eine DBF-Datei zu erzeugen.

Diese Datei *tmw.dbf* wollen wir verwenden, um zu zeigen, wie einfach es nun geht, dBase-Dateien in Access zu importieren.

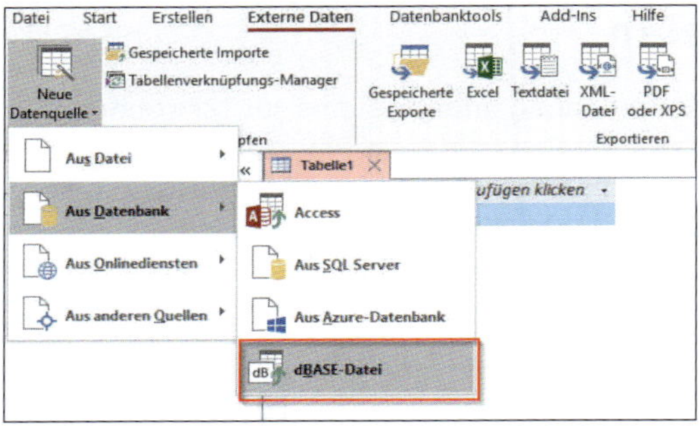

Abbildung 29: Die sich ergebenden Auswahlmöglichkeiten.

Wir verwenden eine neue Access-Datei, Sie brauchen also nichts aus dem Pool von Vorlagen zu importieren. Nach dem Öffnen der Datei finden Sie unter dem Register *Erstellen* ganz links das Symbol für *Neue Datenquelle*. Sobald Sie auf dieses Symbol klicken, öffnen sich untergeordnete Verzeichnisse, mit deren Hilfe Sie neue Datenbanken importieren oder Verknüpfungen auf diese Datenbanken frisch erstellen können. Klicken Sie auf *dBASE-Datei*. Das Dateiverzeichnis öffnet sich, Sie können die dBase-Datei auswählen und durch einen Klick mit Ihrem System verbinden. Die Daten aus der dBase-Datei stehen Ihnen nun als Access-Tabelle zur Verfügung.

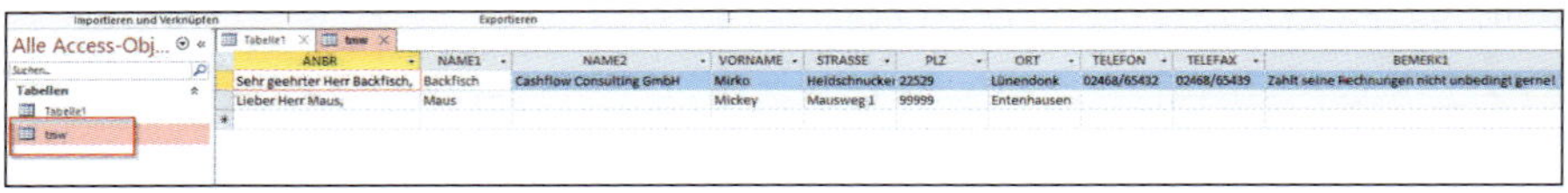

Abbildung 30: Die dBase-Daten importiert in Access.

In diesem Beispiel haben wir nur zwei Datensätze importiert, aber es geht auch mit vielen hundert Datensätzen sehr schnell. Außerdem hätte sich noch die Möglichkeit angeboten, die Daten nicht zu importieren, sondern nur die dBase-Datei und Access zu verknüpfen. Dann werden die Originaldaten auf dem dBase-System gehalten, und Sie können über eine Verknüpfung auf diese Daten zugreifen, diese bearbeiten, ja sogar löschen.

Bei Access 2016 müssen Sie leider noch einen Workaround machen. Wie in allen Vorgängerversionen von Access kann auch Access 2016 keine dBase-Daten lesen. Excel war dazu aber in der Lage. Deshalb musste man zuerst dBase-Daten in die Excel-Tabelle integrieren, konnte dann in einem zweiten Schritt diese Excel-Daten in Access importieren. Das war insofern sehr umständlich, weil ja die Zeilenanzahl von Excel begrenzt ist. Datenbanken arbeiten oft mit mehreren Millionen Datensätzen, Excel konnte aber nur 65.536 Zeilen bis zur Version 2003 und seit Version

2007 1.048.576 Zeilen importieren. Das klingt zunächst nach sehr viel, aber bei Datenbanken reicht es oft nicht. Und somit war das immer sehr umständlich, wenn man von größeren dBase-Datenbanken Daten nach Access exportieren wollte.

BigInt – Große Ganzzahl

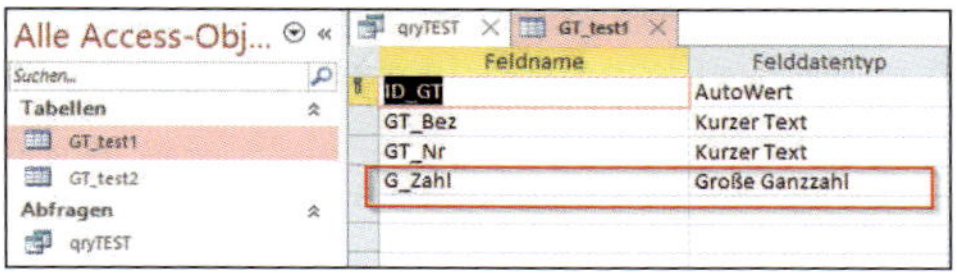

Abbildung 31: In der Entwurfsansicht wird die Große Ganzzahl angelegt.

Wie Sie vielleicht schon gehört haben, wird Access oft als Frontend auch für größere Datenbanksysteme verwendet. SQL-Server von Microsoft und MySQL sind hierfür Beispiele. Diese Server-Versionen können blitzschnell Millionen von Datensätzen verwalten und verarbeiten.

Man kann sich nun entscheiden, ob man das Frontend für diese Systeme mit einem eigenen Programm belegt, programmiert mit C# oder VB.NET. Hier muss man aber vieles selbst generieren. Deshalb entscheiden sich viele Firmen für eine preisgünstigere Lösung. Sie verwenden die Funktionalität des Datenbank-Managementsystems Access und verbinden es mit der Mächtigkeit von Server-Datenbanken.

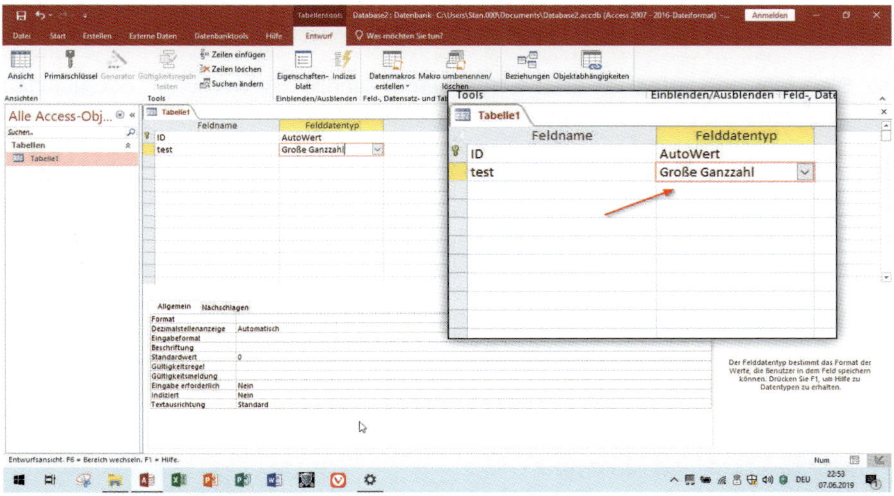

Abbildung 32: Hier wird ein Datentyp angelegt.

Bisher gab es dabei dann manchmal Probleme. Denn diese Server-Versionen haben Datentypen, die nicht direkt kompatibel mit Access waren. Nun führte Microsoft bei Access 2019 den Datentyp *BigInt* ein. Bei Access heißt er *Große Ganzzahl*. Hier können Sie Daten bis zu einer Größe von

-2^63 (-9.223.372.036.854.775.808) bis 2^63-1 (9.223.372.036.854.775.807)

verwenden. Damit ist auch einer der Kritikpunkte an Access vom Tisch, nämlich dass nicht genug Datensätze vorgehalten werden könnten, da die bisher größten Zahlen nur bis 2^{31}-1 gingen.

Aufgabe zur Großen Ganzzahl

1. Erstellen Sie eine neue Datenbank (*Großer_Test.accdb*).
2. Sie erstellen eine neue Tabelle mit dem Namen *GT_test1*.
3. Sie vergeben Feldnamen:

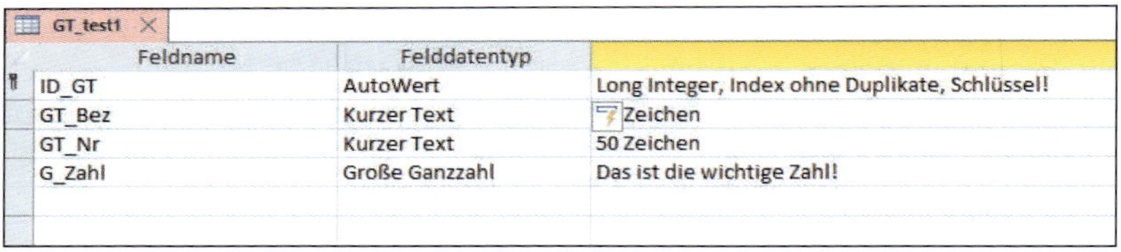

Feldname	Felddatentyp	
ID_GT	AutoWert	Long Integer, Index ohne Duplikate, Schlüssel!
GT_Bez	Kurzer Text	Zeichen
GT_Nr	Kurzer Text	50 Zeichen
G_Zahl	Große Ganzzahl	Das ist die wichtige Zahl!

Abbildung 33: So sollten Sie Ihre Feldnamen vergeben.

4. Sie erstellen analog zur ersten eine zweite Tabelle. Sie vergeben die gleichen Feldnamen, fügen allerdings immer eine Zwei dazu.
5. Sie schreiben möglichst große Ganzzahlen in die Tabellen.

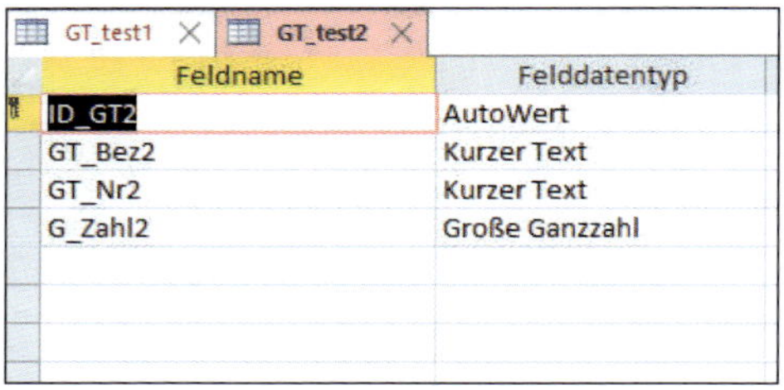

Feldname	Felddatentyp
ID_GT2	AutoWert
GT_Bez2	Kurzer Text
GT_Nr2	Kurzer Text
G_Zahl2	Große Ganzzahl

Abbildung 34: Die Tabelle GT_test2.

6. Sie erstellen eine Abfrage über beide Tabellen. (Verknüpfen Sie die ID-Felder!)

7. In der Abfrage erstellen Sie ein neues Feld und dividieren: z. B. TEST: G_Zahl / G_ZAHL2

8. Sie bemerken, dass die Ergebniszahl immer eine Ganzzahl ist.

9. Sie ergänzen die Berechnung um die Funktion *zdouble()*.

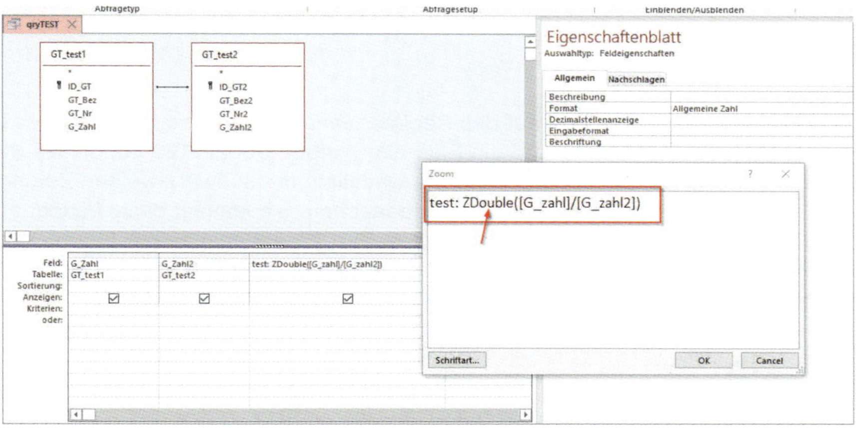

Abbildung 35: Um auch Kommazahlen zu erhalten, nutzen Sie die Funktion zdouble().

10. Sie haben nun die korrekten Zahlen.

Piktogramme

Abbildung 36: Katze als Piktogramm.

Zum Abschluss möchten wir Ihnen etwas vorstellen, das nicht vollständig zu unserem Thema gehört, aber Ihnen trotzdem hilfreich sein kann. Ich spreche von den Piktogrammen, die Sie nicht in Access finden, aber in Word 2019. Da wir in einer Zeit leben, in der kleine Symbole und Bildchen eine immer größere Rolle spielen, möchten wir Ihnen noch zeigen, wie Sie die neuen Piktogramme zum Beispiel in Access-Formulare integrieren können.

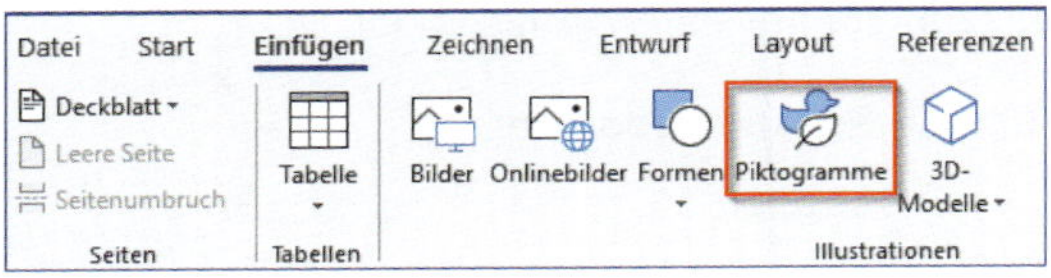

Abbildung 37: Word, das Register Einfügen.

Öffnen Sie Word, gehen Sie auf das Register *Einfügen*, Gruppe *Illustrationen*. Dort finden Sie eine kleine Ente und ein Blatt als Symbol. Sobald Sie auf dieses Piktogramm klicken, erscheint eine große Auswahlliste mit schwarz-weißen Zeichnungen aus den unterschiedlichsten Themenbereichen. Sie können diese Piktogramme auswählen(!), mit der rechten Maustaste in den Zwischenspeicher legen und auf ein Access-Formular klicken. Mit der rechten Maustaste einfügen ist ja nun kein Problem mehr. Das geht übrigens genauso gut bei Access-Berichten!

Aufgabe

1. Verwenden Sie die Access-Datei *PiktogrammBeispiel.accdb*.
2. Erstellen Sie einen Bericht aus den Kundendaten, gruppiert nach dem Land.
3. Öffnen Sie Word, wählen Sie ein Piktogramm Ihrer Wahl aus *Geschäftliches* und fügen Sie dieses dann in Ihren Access-Bericht ein.
4. Bitte abspeichern.

Kleiner Lösungshinweis: Arbeiten Sie mit einem neuen Word-Dokument. Das Piktogramm können Sie erst kopieren, wenn Sie es in Word eingefügt haben.

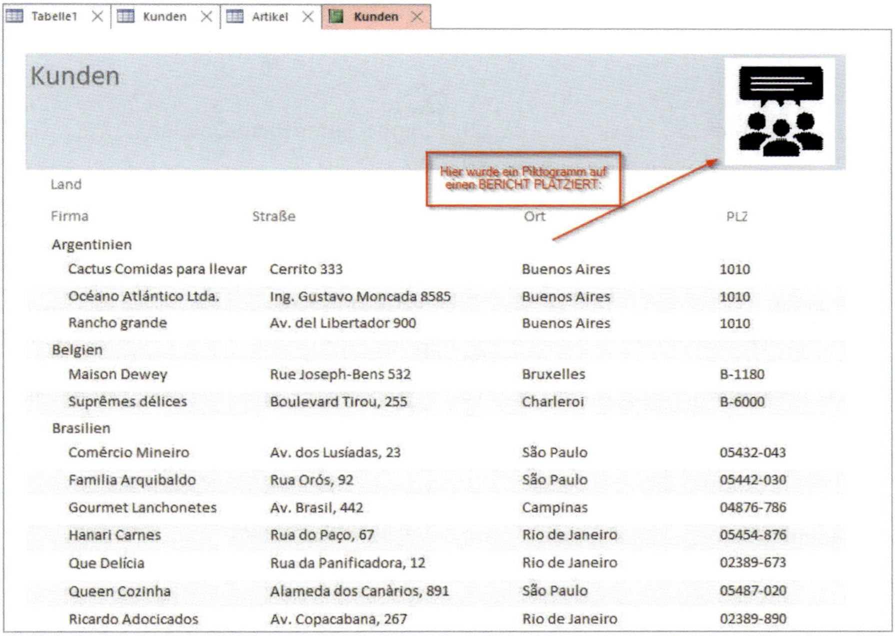

Tabelle1 | Kunden | Artikel | Kunden

Kunden

Hier wurde ein Piktogramm auf einen BERICHT PLATZIERT:

Land

Firma	Straße	Ort	PLZ
Argentinien			
Cactus Comidas para llevar	Cerrito 333	Buenos Aires	1010
Océano Atlántico Ltda.	Ing. Gustavo Moncada 8585	Buenos Aires	1010
Rancho grande	Av. del Libertador 900	Buenos Aires	1010
Belgien			
Maison Dewey	Rue Joseph-Bens 532	Bruxelles	B-1180
Suprêmes délices	Boulevard Tirou, 255	Charleroi	B-6000
Brasilien			
Comércio Mineiro	Av. dos Lusíadas, 23	São Paulo	05432-043
Familia Arquibaldo	Rua Orós, 92	São Paulo	05442-030
Gourmet Lanchonetes	Av. Brasil, 442	Campinas	04876-786
Hanari Carnes	Rua do Paço, 67	Rio de Janeiro	05454-876
Que Delícia	Rua da Panificadora, 12	Rio de Janeiro	02389-673
Queen Cozinha	Alameda dos Canàrios, 891	São Paulo	05487-020
Ricardo Adocicados	Av. Copacabana, 267	Rio de Janeiro	02389-890

Abbildung 38: So könnte Ihre Lösung mit einem Piktogramm aussehen.

Index